BEI GRIN MACHT SICH IHR WISSEN BEZAHLT

- Wir veröffentlichen Ihre Hausarbeit,
  Bachelor- und Masterarbeit

- Ihr eigenes eBook und Buch -
  weltweit in allen wichtigen Shops

- Verdienen Sie an jedem Verkauf

Jetzt bei www.GRIN.com hochladen und kostenlos publizieren

Bibliografische Information der Deutschen Nationalbibliothek:

Die Deutsche Bibliothek verzeichnet diese Publikation in der Deutschen National-bibliografie; detaillierte bibliografische Daten sind im Internet über http://dnb.d-nb.de/ abrufbar.

Dieses Werk sowie alle darin enthaltenen einzelnen Beiträge und Abbildungen sind urheberrechtlich geschützt. Jede Verwertung, die nicht ausdrücklich vom Urheberrechtsschutz zugelassen ist, bedarf der vorherigen Zustimmung des Verla-ges. Das gilt insbesondere für Vervielfältigungen, Bearbeitungen, Übersetzungen, Mikroverfilmungen, Auswertungen durch Datenbanken und für die Einspeicherung und Verarbeitung in elektronische Systeme. Alle Rechte, auch die des auszugsweisen Nachdrucks, der fotomechanischen Wiedergabe (einschließlich Mikrokopie) sowie der Auswertung durch Datenbanken oder ähnliche Einrichtungen, vorbehalten.

Impressum:

Copyright © 2018 GRIN Verlag
Druck und Bindung: Books on Demand GmbH, Norderstedt Germany
ISBN: 9783668817234

Dieses Buch bei GRIN:

https://www.grin.com/document/444704

Jasmin Jenke

Trainingsplanung für Büroangestellte mit Rückenpro-
blemen

GRIN Verlag

GRIN - Your knowledge has value

Der GRIN Verlag publiziert seit 1998 wissenschaftliche Arbeiten von Studenten, Hochschullehrern und anderen Akademikern als eBook und gedrucktes Buch. Die Verlagswebsite www.grin.com ist die ideale Plattform zur Veröffentlichung von Hausarbeiten, Abschlussarbeiten, wissenschaftlichen Aufsätzen, Dissertationen und Fachbüchern.

Besuchen Sie uns im Internet:

http://www.grin.com/

http://www.facebook.com/grincom

http://www.twitter.com/grin_com

Deutsche Hochschule für

Prävention und Gesundheitsmanagement

Hermann Neuberger Sportschule 3

66123 Saarbrücken

Einsendeaufgabe

Fachmodul: Trainingslehre 1

Studiengang: BA für Prävention und Gesundheitsmanagement

Datum
Präsenzphase: 18.-21.06.2018

Name, Vorname: Jenke, Jasmin

Studienort: **München**

Semester: **WS 2017**

Inhaltsverzeichnis

1. DIAGNOSE...4

1.1 Allgemeine und biometrische Daten...4

1.2 Krafttestung 6

   1.2.1 Testablauf...6

   1.2.2 Schlussfolgerung 7

2. ZIELSETZUNG / PROGNOSE...8

3. TRAININGSPLANUNG MAKROZYKLUS 9

3.1 Makrozyklusdarstellung...10

   3.1.1 Begründung der Trainingsmethode 10

   3.1.2 Begründung der Belastungsparameter..11

   3.1.3 Begründung der Organisationsform 12

   3.1.4 Begründung der Periodisierung..13

4. TRAININGSPLANUNG MESOZYKLUS 13

Mesozyklusdarstellung..13

4.1 Begründung der Übungsauswahl 14

   4.1.1 Aufwärmen..14

   4.1.2 Latzug von oben 15

   4.1.3 Beinpresse 15

   4.1.4 Beinstrecker..15

   4.1.5 Brustpresse Maschine 16

   4.1.6 Rückenstrecker Maschine..16

   4.1.7 Bauchmaschine...16

   4.1.8 Reversefly...16

   4.1.9 Cool-down (Abwärmen)...17

5. LITERATURRECHERCHE...17

6. LITERATURVERZEICHNIS 19

6. ABBILDUNGS- UND TABELLENVERZEICHNIS..21

6.1   **Abbildungsverzeichnis**..**21**

6.2   **Tabellenverzeichnis**...**21**

1. Diagnose

Im Eingangsgespräch mit dem Probanden wurden seine Motivation, sein Zeitbudget und sein aktueller Gesundheits- und Fitnesszustand erörtert. Anschließend wurden die gesammelten Informationen für den komplexen Handlungsprozess der Trainingssteuerung, kritisch betrachtet und die Details verantwortungsvoll verarbeitet um danach in die Planung eingefügt zu werden.

1.1 Allgemeine und biometrische Daten

Tab. 1: Allgemeine und biometrische Daten des Probanden

Daten zur Person	Datenwerte
Alter	40
Geschlecht	Männlich
Körpergröße	180
Körpergewicht	**71,3Kg = BMI von 21,4** (Normalgewicht = 64,1-78,4; BMI= Norm: 18,5<25)
Körperfett in %	**10.2 Kg** (14,7 %)
Muskulatur in Kg	**55 kg**
Trainingsmotive	- Rückenschmerzen - Lebensqualität Steigern - gezieltes Training für den Zugspitz-Base-Run 06/2019 - präventives Kraft- Ausdauertraining
Beruf	Betriebswirt, Büroangestellter
Frühere und aktuelle sportliche Tätigkeiten	- Trail-Running (Fortgeschritten 1995-2017) - Snowboarding (Semiprofessional 1994-1998) - Inline-Skating "aggressive" (1996-1999) - **Joggen (Fortgeschritten 1993- bis dato)**
Zeitbudget	2-3 mal in der Woche für ca. 60-90 Minuten
Blutdruck	**110/70** mmHg (optimal Wert < 120/80 mmHg)
Tagespuls	**58** Sinusbradykardie Bereich
allgemeiner Gesundheitszustand	- MS Patient Diagnose bekannt seit Oktober 2017 - Rückenschmerzen

Der Proband ist 40 Jahre und bei einer Körpergröße von 180 cm und 71,3 Kg in einer körperlich guten Verfassung. Zu Beginn der Anamnese wurde mit einem elektrischen Messgerät der Blutdruck gemessen. Dabei wurde ein Wert von 110/ 70 mmHg ermittelt. Dies ist laut Blutdruckklassifikation der American Association (modifiziert nach Mancia et al., 2013, S. 1286) ein optimaler Wert. Sein Tagespuls liegt mit 58 Schlägen/Min. im Sinusbradykardie-Bereich. Dies wurde bereits ärztlich ohne pathogenen Hintergrund abgeklärt. Folglich kann davon ausgegangen werden, dass die Testperson im Ausdauerbereich bereits eine gute Trainingsgrundlage besitzt. Die Körperanlayse wurde mittels der X-CONTACT 357 BodyAnalyzer Waage erstellt. Die Weltgesundheitsorganisation stuft Erwachsene mit einem Body-Mass-Index ≥ 25 als übergewichtig ein, folglich ist sein BMI von 21,4 im Normbereich. Seine Muskulatur ist mit 55 Kg laut der Analyse Waage, ebenfalls im Normbereich. Durch seinen Beruf als Betriebswirt sitzt die Person 8 Stunden am Tag am Schreibtisch. Er leidet immer wieder unter Rückenschmerzen, diese werden von ihm subjektiv am unangenehmsten empfunden. Durch das stundenlange Sitzen ist die Rumpfmuskulatur geschwächt. Im Oktober 2017 wurde bei ihm eine Multiple Sklerose (MS) diagnostiziert. Durch die MS-Erkrankung leidet der Proband an dem Begleitsymptom Fatigue (Antriebs- und Energiemangel). Sein Neurologe der auf MS spezialisiert ist, hat ihm angeraten Sport in seinem Alltag fest zu integrieren. Exzessive Überbelastung soll er meiden. Weitere Einschränkungen bezüglich der MS sind zum aktuellen Zeitpunkt nicht bekannt. Um uns als Fitnessstudio abzusichern, habe ich den Kunden darum gebeten, eine ärztliche Unbedenklichkeitserklärung bezüglich des Trainings ausstellen zu lassen. Da im weiteren Verlauf das Krankheitsbild der Multiple Sklerose (MS) öfter thematisiert wird, soll diese nun kurz definiert werden. Nach der deutschen Multiple Sklerose Gesellschaft Bundesverband e.V. (2018) ist MS ist eine entzündliche Erkrankung des Zentralen Nervensystems, die das Gehirn und das Rückenmark umfasst und meist im frühen Erwachsenenalter beginnt.

Tab. 2: allgemeiner Gesundheitszustand der Person

Orthopädische Erkrankungen / internistische Erkrankungen	Keine bekannt!
Neurologische Erkrankungen	Multiple Sklerose; Begleitsymptom Fatique (Antriebs- und Energiemangel).
Medikamente	Betaforon Spritzen alle 2 Tage.
Ärztliche Behandlungen	Regelmäßige Konsultation vom Neurologen und einmal im Quartal Blutuntersuchungen beim Hausarzt.
Sonstige Einschränkungen	Keine bekannt!
Belastbarkeit/ Trainierbarkeit der Person	Beginner. Nach ärztlicher Rücksprache, besteht keine Einschränkung bezüglich gesundheitsorientierten Kraftausdauertrainings. Exzessive Überbelastung ist jedoch zu vermeiden.

1.2 Krafttestung

Zitiert nach Hottenrott & Seidel (2017, S.55) ergibt sich die Notwendigkeit der Individualisierung der Trainingsbelastung nicht nur aus der Selbstorganisation, sondern auch aus der unterschiedlichen individuellen Trainierbarkeit motorischer Fähigkeiten, wie dies beispielsweise Bouchard et al. (1999) für die Ausdauer und Hubal et al. (2005) für die Kraft in ihren Studien belegten. Beide Studien zeigen, dass ein standardisiertes Ausdauer- oder Krafttrainingsprogramm zu stark unterschiedlichen Anpassungen bei Untrainierten führt (Bouchard & Rankinen, 2001). Die Analyse der Leistungsfähigkeit des Probanden ist für die Festlegung individueller Belastungsreize im Training notwendig. Nach der schriftlichen Bestätigung des Arztes und der Absprache mit dem Proband, hat dieser in den ersten 2 Wochen eine Orientierungsphase absolviert. Im weiteren Ablauf habe ich mich für den X-RM-Test entschieden. Dieser orientiert sich an dem sogenannten „Individuellen-Leistungsbild-Test", im Folgenden mit „ILB-Test" abgekürzt. Der Kerngedanke des ILB-Tests besteht darin, das maximale Gewicht für diejenige Wiederholungszahl auszutesten, mit der im folgenden Zyklus trainiert werden soll (Strack & Eifler, 2005, S. 154). Die Kraftausdauertrainingsmethode kann mit 15-30 Wiederholungen pro Satz stattfinden (Eifler, 2018, S.162). Zwischen den Sätzen werden je 60 Sekunden Pause eingehalten. Mittels verschiedenen Übungen, der vorab ausgesuchten Muskelareale, werden maximal 3 Testsätze pro Übung durchgeführt, dabei wird nach jedem Satz das Gewicht um 5%, 10% oder 25% gesteigert (Testablaufschema nach Zimmer 1999,S45-47)

1.2.1 Testablauf

Gestartet wird mit einem 10 minütigen, allg. Aufwärmen auf dem Cross-Trainer um den Körper dynamisch, mit den großen Muskelgruppen, auf die bevorstehenden Beanspruchungen vorzubereiten und um das Verletzungsrisiko zu minimieren. Die Herzfrequenz sollte bei 120 Schlägen pro Minute liegen. Formel: 160 Schläge/Minute minus Lebensalter (Eifler, 2018, S54). Die Person wird 7 Übungen mit je 15 Wiederholungen (WH) durchführen. Im ersten Mesozyklus spiegeln sich die Übungsanzahl und die erwähnten Wiederholungen. Ziel ist es, das individuell optimale Trainingsgewicht des Probanden zu finden, wobei die letzte Wiederholung gerade noch „sauber" ausführbar sein soll. Es wird bei allen Testübungen ein spezieller Aufwärmsatz (lokale Muskelgruppen) an der jeweiligen Maschine vollzogen (Eifler, 2018, S.55). Der Proband wird mit den großen Muskelgruppen beginnen, welche auf seine Zielsetzungen abgestimmt sind. Es wird mit mehrgelenkigen Muskelgruppen zu eingelenkigen Muskelgruppen trainiert. Übungen für Muskelgruppen mit hoher Priorität vor Übungen für Muskelgruppen mit niedriger Priorität (Eifler, 2018, S.215). Die Geschwindigkeit der Bewegung während der Übungsausführungen wird bei 2/0/2 liegen. Das bedeutet, zwei Sekunden exzentrische Bewegung, keine Sekunde statisch halten und zwei Sekunden eine konzentrische Bewegung ausführen. Zum Abschluss wird ein Cool-down erfolgen um, unter anderem, die Regenerationszeit zu verkürzen. Dafür wird der Proband ca. 10 Min. auf das Laufband bei ca. 120 Schlägen/ Minute „auslaufen". Im Anschluss daran folgt noch eine kurze Dehnung der beanspruchten Muskeln zum Senken des Muskeltonus.

Tab. 3: ILB-Testablauf

Test-übungen a´15 WH	1. Testsatz	%-Anteil vom Kör-pergewicht	2. Testsatz	%-Anteil vom Kör-pergewicht	3. Testsatz	%-Anteil vom Kör-pergewicht	Ergebnis Maximal-kraft
Latzug von oben	20 Kg	30%	40 Kg	55%	55 Kg	75%	55 Kg
Beinpres-se	35 Kg	50%	52 Kg	75%	80 Kg	115 %	80 Kg
Beinstre-cker	45 Kg	65%	50 Kg	70%	-	-	50 Kg
Brustpres-se-Maschine liegend	20 Kg	30%	35 Kg	50%	55 Kg	80%	55 Kg
Rücken-strecker-Maschine	20 Kg	30%	23,5 Kg	35%	27,5 Kg	40%	27,5 Kg
Bauchma-schine	20 Kg	30%	40 Kg	40%	50 Kg	70%	50 Kg
Reversefly	10 Kg	15%	21 Kg	30%	-	-	21 Kg

1.2.2 Schlussfolgerung

Mit den Testergebnissen, ist es nun möglich, eine detaillierte Planung der Trainingsin-tensität im ersten Mesozyklus zu erstellen. Durch den ILB-Test wurden also die Startin-tensitäten festgelegt, welche dem aktuellen Leistungsniveau der Person entsprechen. Dieses aktuelle Leistungsniveau ist von vielen Faktoren abhängig und störanfällig und sollte nicht als ein Fixum angesehen werden. In den 6 Wochen ist es wichtig immer wieder Rückmeldung vom Trainierenden einzuholen und die eingeplanten Werte/ Übungen bei Bedarf anzupassen. Die sukzessive Belastungssteigerung in der Periodisierung der kommenden 6 Monate ermöglicht uns gerade bei der ILB-Krafttestung, Methodenwechsel und somit eine langfristige Adaption der Trainingsreize zu (Haupert, 2007, S. 65). Die vom Probanden angesprochenen Rückenbeschwerden sind im Testergebnis deutlich erkennbar: seine Rücken und Bauchmuskulatur ist durch seine vorwiegend sitzende Tätigkeit leicht geschwächt. Durch die Kräftigung der geschwächten Muskulatur wird Stabilität im Rumpf gesichert. Deshalb wurde das Training im allg. und der erste Mesozyklus im speziellen mit Fokus auf Stärkung der Rumpfmuskulatur geplant.

Tab. 4: Grobraster zur Trainingsplanung nach der ILB-Methode (SB, 2018, S.162)

Leistungsstufe	Zeitstufe(Monate)	Orgaform	Einheiten/ Woche	Übungen/ Muskel	Sätze/ Übung	Intensität in % ILB
Orientierungsstufe	0-1,5	GK	2	1-2	1-2	Gering
Beginner	1,5-6	GK	2	1-2	1-2	50 – 70 %
Geübter	6-12	GK	2-3	1-2	2	60 – 80 %
Fortgeschrittener	>12	GK/Split	3-4	1-3	2-3	70 – 90 %
Leistungssportler	>36	GK/Split	3-6	1-4	2-4	80 – 100

2. Zielsetzung / Prognose

Tab. 5: Ziele und Prognose des Probanden

1. Ziel:	Der primäre Wunsch des Kunden ist es, seine Rückenschmerzen zu lindern.
Inhalt:	Um seinen Schmerz, visualisieren, dokumentieren und einschätzen zu können hat der Proband auf einer Schmerzskala sein aktuelles Schmerzempfinden angekreuzt. 1 = gar kein Schmerz bis 10 = unbeschreibliche Schmerzen.
Ausmaß:	aktuell auf der Schmerzskala auf einer subjektiv empfundenen 7 (1-10)
Zeit:	6 Monate
Begründung:	eine deutliche Reduzierung sollte in den nächsten 6 Monaten stattfinden. Ziel ist es den Schmerz auf der NRS-Skala auf 3 zu senken. Dies werden wir mittels Kraftzuwachs erreichen.

2. Ziel:	Lebensqualität Steigern und Verbesserung der Fatique-Symptomatik.
Inhalt:	Da er immer ein Lebensbejahender und aktiver Mensch war, schränkt ihn dieser An-triebs- und Energiemangel im Alltag ein. Ziel ist es von der aktuellen Einstufung „5" auf eine „2" zu kommen.
Ausmaß:	Aktuell auf der Zahlenskala auf einer subjektiv empfundenen 5 (1-10)
Zeit:	6 Monate
Begründung:	In verschiedenen Studien wurden die günstigen Auswirkungen von Krafttraining auf die MS-Erkrankung dargelegt. Als Beispiel ein Zitat aus der Studie: Die Rolle positiver Le-bensstilaktivitäten bei Stimmung, Kognition, Wohlbefinden und Krankheitsmerkmalen bei Multipler Sklerose (Strober, Becker & Randolph, 2018); „Die Ergebnisse zeigten, dass ein zuvor abgeleiteter CHQ-Faktor (Cognitive Health Questionnaire) bestehend aus gesun-den Ernährungs- und Bewegungsgewohnheiten, mit weniger Müdigkeit, besserem Schlaf, weniger Schmerzen und verbesserter Stimmung und Krankheitsmanagement verbunden war".
3. Ziel:	Zugspitz-Trail-Run im Juni 2019.
Inhalt:	Leistungssteigerung durch gezieltes Schnell-/ Reaktions- und Kraft-Ausdauertraining.
Ausmaß:	3 Kg Muskelmasse Aufbau im ersten Makrozyklus
Zeit:	6 Monate
Begründung:	Realistisch ist die Steigerung der Muskelmasse, bei normaler Genetik, um ca. 0,5 Kg im Monat. Ziel ist es in 6 Monaten 3 Kg Muskelmasse aufzubauen. Im nächsten Makrozyklus wird dann das Augenmerk auf gezielte Reaktiv/Schnellkraft-und Kraftausdauer Steige-rung gelegt um spezifisch für den Lauf im Juni bereit zu sein.
4. Ziel:	präventiv Kraft- und Ausdauersport
Inhalt:	Selbstbestimmtes entgegen Steuern, seiner chronischen MS-Erkrankung
Ausmaß:	Kraftausdauersteigerung um 25-50%
Zeit:	6 Monate
Begründung:	Da beim Kraft- und Ausdauertraining die Rekrutierung und Frequentierung der Muskula-tur über das Nervensystem und die neuronale Anpassungen positive Adaptionen auslö-sen, ist ein präventives Lebenslanges Kraftausdauer Training für den Probanden von großer Bedeutung. Laut einer Studie von Pilutti et al. (2014) konnte in einer Metaanalyse gezeigt werden, dass regelmäßiger Sport zu einer ca. 27 % niedrigere Schubwahrschein-lichkeit führt.

3. Trainingsplanung Makrozyklus

Makrozyklus (MAZ) ist ein Begriff aus der Trainingswissenschaft bzw. der Trainings-planung. Eine alternative Bezeichnung ist "großer Trainingszyklus". Der Makrozyklus setzt sich aus mehreren Mesozyklen (MEZ) zusammen. Ein MAZ dauert mehrere Mo-nate bis zu einem Jahr (Schnabel, Krug & Harre. 2016, S. 428). Mit Hilfe des Makro-zyklus erreichen wir einen zeitlich definierten Überblick, der für den Probanden über-schaubar und leicht nachvollziehbar ist. Er kann mithilfe des Plans, seine Ziele visuali-sieren und durch die nach jedem Mesozyklus stattfindenden ILB-Test seine Erfolge sehen. So können wir auf Veränderungen flexibel reagieren und evtl. Anpassungen vornehmen und dokumentieren. Die Motivation des Probanden soll so auf hoher und konstanter Ebene erhalten bleiben und das Vertrauen in mein Coaching festigen.

3.1 Makrozyklusdarstellung

Tab. 6: Makrozyklus-Trainingsplanung über 6 Monate

	Mesozyklus I	Mesozyklus II	Mesozyklus III	Mesozyklus IV
Dauer	6 Wochen	8 Wochen	8 Wochen	4 Wochen
Trainingsmethodik	Kraftausdauer	Hypertrophie (extensiv)	Hypertrophie (intensiv)	Maximalkraft
Häufigkeit pro Woche	2 x	3x	3x	3x
Organisationsform	GK /Station	GK /Station	GK /Station	GK /Station
Übungen pro Muskelgruppe	1-2	2	2	1
Sätze pro Übung	3	3	3	2
Satzpausen	60 Sek.	60 Sek.	90 Sek.	>120 Sek.
WH	15	10	8	3
Intensitäten ILB	50% - 70%	70% - 85%	85% - 90%	90 % - 95%
Bewegungstempo/ TUT	2-0-2	2-0-2	2-0-2	zügig

(Zwischen den Mesozyklen jeweils: ILB-TEST)

3.1.1 Begründung der Trainingsmethode

Zitat von Willimczik, Daugs und Oliver (1991,S. 13) „Es geht im Training darum, die Belastungen so auszuwählen, dass optimale Beanspruchungen im Sinne einer zielgerichteten Beeinflussung der Eigenschaften induziert werden, die letztlich zu einer Leistungsmaximierung (im Leistungssport) oder zu Leistungsverbesserungen, einem Leistungserhalt bzw. zu einem kontrollierten Leistungsabbau führen sollen (Gesundheitssport)." Da es sich bei dem Probanden um einen Trainingsbeginner handelt, wurde eine Trainingsmethode des deduktiven Ansatzes gewählt. Das bedeutet, die Steuerung der Trainingsintensität über Lastvorgaben. Diese werden auf Basis von X-RM- Test berechnet. Im Ersten Zyklus wird die Kraftausdauer 6 Wochen trainiert. Diese erste Trainingsperiode bewirkt unter anderem eine Vergrößerung der intramuskulären Energiespeicher, Steigerung der energiestoffwechselrelevanten Enzyme, Kapillarisierung, Laktattoleranz, verbesserte Pufferkapazität, Muskelmasse, Steigerung der Maximalkraft, Verbesserung der intermuskulären Koordination (Fröhlich, 2014, S. 8). Der zweite Mesozyklus, extensives Hypertrophie Training, dauert 8 Wochen. Hier werden die Muskelfasern und die Knochen- Gelenkstruktur gestärkt. Für den Proband wird diese Trainingsmethode eine bessere Alltags- und Berufsbelastbar mit sich bringen. Im darauffolgenden Hypertrophie Training intensiv (8 Wochen), wird mit mehr Intensität und weniger Wiederholungen die Muskulatur weiter aufgebaut und muskelaufbauenden Prozesse optimal stimuliert (Eifler, 2018, S. 103). Das 4 wöchige Maximalkraft Training soll die Kraft des Probanden maximal steigern, ohne weiter Muskelmasse aufzubauen. Dieses Training hilft ihm dabei, z.b. sein eigenes Körpergewicht bei einem Sturz abfangen zu können und erfüllt somit auch eine Schutzfunktion.

3.1.2 Begründung der Belastungsparameter

Das Prinzip der individualisierten Belastung beinhaltet die Forderung nach Trainingsreizen, die der psychophysischen Belastbarkeit, der individuellen Akzeptanz und den speziellen Bedürfnissen des jeweiligen Sportlers entsprechen (Weineck, 2004, S. 28). Da gleiche Trainingsbelastungen, individuelle und unterschiedliche Beanspruchungen initiieren, ist eine Steuerung des Trainings allein über die vorgegebene Belastung kritisch zu sehen. Somit bietet es sich vorrangig an, die durch die Belastung hervorgerufene Beanspruchung als Steuergröße zu nutzen. Dies ermöglicht eine stärkere Individualisierung und Differenzierung der Trainingsbelastungen (Güllich & Krüger, 2013, S. 445). Der Proband ist von der muskulären Typologie als Typ-I Muskelfasertyp einzustufen. Dementsprechend werden die Trainingsbeanspruchungen im Makrozyklus, neben der progressiven Steigerung auch entsprechend angepasst und modifiziert um im weiteren Trainingsablauf einen fokussierten Typ-II Muskelwachstum zu realisieren. Zwischen den Trainingstagen liegen immer mindestens ein oder zwei Tage Erholungspausen. Im ersten Mesozyklus wird der Proband 6 Wochen Kraftausdauer für Ganzkörper trainieren, um seinen aktiven und passiven Bewegungsapparat auf die kommenden Veränderungen bezüglich Muskelwachstums einzustellen und um seine Ermüdungswiderstandsfähigkeit zu verbessern. Der Proband trainiert im ersten Mesozyklus 2x wöchentlich, um sich an die neue Situation zu gewöhnen und diese fest in seinen Alltag einzuplanen. Laut Hottenrott und Seidel (2017, S. 57) kommt es in der ersten Anpassungsstufe, hauptsächlich zur Ökonomisierung und Optimierung der Bewegungsausführung durch veränderte Rekrutierung von Muskelfasern. Mit dieser Trainingsmethode sollten die Rückenschmerzen bereits besser werden. Mit zunehmendem Training stellt sich eine Sicherheit im Ausführen der Übungen ein und auch der muskuläre Anteil passt sich den

Trainingsreizen an. Die Belastungsintensität beinhaltet im ersten Mesozyklus, 3 Sätze mit a´15 Wiederholungen bei 50-70% der Maximalkraft. Das Bewegungstempo/TUT wird während der ersten drei Zyklen fließend mit einem 2-0-2 Rhythmus ausgeführt werden. Ein Satz wird 90 Sekunden dauern, nach jedem Satz sind jeweils 60 Sekunden Pause einzuhalten, damit sich der Muskel ausreichend Erholen kann. Das Kraftausdauer Training sollte nicht länger als 45 Min dauern, dazu kommen noch das Auf- und Abwärmen von jeweils 10 Minuten. Nach jedem Mesozyklus wird ein erneuter ILB-Test eingeplant um weiter optimal agieren zu können. Die zweite Phase seines Plans dauert 8 Wochen. Hier wird gezielt die Hypertrophie Trainingsmethode extensiv fokussiert und somit ein neuer Trainingsreiz gesetzt. Der Proband wird in diesem Zeitraum 3-mal wöchentlich Ganzkörpertraining am Seilzug und mit Freihanteln durchführen. Die Übungen werden je 2 Muskelgruppen beinhalten und mit einer Wiederholungszahl von 10, in 3 Sätzen absolviert. Trainiert wird bei 70-85% seiner maximal Kraft. Diese Phase wird die Muskelvolumenzunahme durch die Verdickung der Muskelfasern erreichen. Da für den Trainierenden das gezielte bzw. geführte Krafttraining neu ist, müssen wir in den ersten Wochen beobachten wie er diese Art des Trainings adaptiert um im 3. Mesozyklus das Hypertrophie Training intensiver steigern zu können. Das bedeutet, er wird weiterhin Muskelmasse aufbauen, nun bei einer Intensität von 85-90% seiner maximal Kraft. Die Wiederholungen in den 3 Sätzen werden nun auf 8 reduziert und eine Satzpause von 90 Sekunden eingehalten. Im 4 Mesozyklus wird die Pause auf 120 Sekunden erhöht, da in diesem Zeitraum 4 Wochen lang die Maximalkraft trainiert wird mit nun mehr 2 Sätzen, 3 mal wöchentlich mit a´ 3 Wiederholungen bei 90-95% der maximal Kraft. Das Ziel dieser Phase ist es seine Maximalkraft zu steigern und den Anteil seiner Muskelfasern Typ-2 Strukturen maximal zu stärken.

3.1.3 Begründung der Organisationsform

Als Organisationform habe ich mich für das Ganzkörpertraining an Stationen in allen 4 Mesozyklen entschieden. Eine Übung (Trainingsstation) wird mit Ausführungstempo/ TUT 2-0-2 und der festgelegten Satz- und Wiederholungszahl durchgeführt. Danach wird zur nächsten Übung gewechselt. Der Vorteil des Stationstrainings liegt in dem hohen Trainingseffekt für jede einzelne Muskelgruppe. Der Teilnehmer spürt die Erschöpfung deutlicher (Körperwahrnehmung) und kann Korrekturen gleich im nächsten Durchgang umsetzen (Kempf et al., 2014, S. 45). Zwischen den Sätzen werden je 60 Sekunden Pause eingehalten, damit können die Muskelbereiche für die kommenden

Sätze ausreichend regenerieren. Die Trainingsdauer pro Einheit wird sich, mit Aufwärmen und Cool-Down, auf ca. 65 Min belaufen.

3.1.4 Begründung der Periodisierung

„Zur langfristigen Initiierung möglichst optimaler Adaptionen ist die richtige Dosierung von Belastungs- und Erholungsphasen essenziell. Durch die systematische Methodenvariation, sprich Periodisierung, soll einerseits eine optimale Erholung zwischen den einzelnen Belastungsreizen erzielt, Leistungsstagnationen in Form von Anpassungsplateaus vermieden und andererseits langfristig größere Kraftzuwächse generiert werden" (Fröhlich et al. 2009, S. 307). Deshalb wird das Krafttraining bei dem Probanden im Makrozyklus bei linear und progressiv ansteigender Intensitäten periodisiert bzw. zyklisch aufgebaut um insbesondere die Kraftfähigkeiten bei abnehmender Wiederholungszahlen zu optimieren und ein Übertraining zu verhindern.

4. Trainingsplanung Mesozyklus

Mesozyklusdarstellung

Der Mesozyklus besteht laut Hottenrott und Seidel (2017, S. 99) aus mehreren Mikrozyklen (3-4) und hat zwei Hauptfunktionen: Sicherung von Belastung und Erholung, sowie die Umsetzung eines akzentuierten Trainings zur Entwicklung von Fähigkeitskomplexen.

Tab. 7: Grundgerüst, erster Mesozyklus-Plan für das Kraftausdauertraining

Leistungsstufe:	Beginner	Trainingseinheiten:	2x wöchentlich
Organisationsform:	Ganzkörper	Trainingsziel:	Kraftausdauertraining
Dauer:	6 Wochen	Sätze:	3
Übungen pro Muskelgruppe:	1-2	Satzpausen:	60 Sek
Bewegungstempo /TUT:	2-0-2	Wiederholungen:	15

Tab. 8: Trainingsplan ersten Mesozyklus

Übungen	WH	ILB-Test	Woche 1 50%	Woche 2 50%	Woche 3 55 %	Woche 4 60 %	Woche 5 65 %	Woche 6 70 %
Latzug von oben	15	55 Kg	27,5 Kg	27,5 Kg	30,5 Kg	33 Kg	36 Kg	38,5 Kg
Beinpresse	15	80 Kg	40 Kg	40 Kg	44 Kg	48 Kg	52 Kg	56 Kg
Beinstrecker	15	50 Kg	25 Kg	25 Kg	27,5 Kg	30 Kg	32,5 Kg	35 Kg
Brustpresse-Maschine liegend	15	55 Kg	27,5 Kg	27,5 Kg	30,5 Kg	33 Kg	36 Kg	38,5 Kg
Rückenstrecker-Maschine	15	27,5 Kg	14 Kg	14 Kg	15 Kg	16,5 Kg	18 Kg	19,5 Kg
Bauch-Maschine	15	50 Kg	25 Kg	25 Kg	27,5 Kg	30 Kg	32,5 Kg	35 Kg
Reversefly	15	20 Kg	10 Kg	10 Kg	11 Kg	12 Kg	13 Kg	14 Kg

4.1 Begründung der Übungsauswahl

Im ersten 6 wöchigen Mesozyklus wird das Kraft- Ausdauertraining an geführten Maschinen stattfinden. Die Vorteile als Trainingsbeginner an den Maschinen zu trainieren besteht unter anderem darin, dass das Kraftniveau relativ gut festgestellt werden kann und weitere Zusatzgewichte progressiv zum Einsatz kommen um die Intensität zu steigern und Überbelastung zu vermeiden. Die Einstellung der Maschinen auf die individuellen Gegebenheiten minimiert ungünstige Belastungen. Geführte Bewegungen minimieren das Risiko der Ausweichmöglichkeiten und somit auch das Verletzungsrisiko. Die zielorientierten Muskelgruppen können isoliert trainiert werden und durch die geringe Übungsvarianz sind sie schnell zu erlernen (Eifler, 2018, S. 186). Physisch und mental kann so auf intensivere Beanspruchungen in den nächsten Zyklen hingearbeitet werden. Da bei Gerätegeführten Krafttraining kaum eine Schulung der intermuskulären Koordination erfolgt, wird nach den 6 Wochen, mit dem Beginn des zweiten Mesozyklus die Übungen durch das Freihantel bzw. Seilzugtraining ausgetauscht. In einem Mikrozyklus werden alle großen Muskelgruppen je zwei Mal trainiert, da der Bauch bei den meisten Rumpfübungen stabilisierend mit agiert, wird dieser mit nur einer Übung im ersten Mesozyklus trainiert.

4.1.1 Aufwärmen

Die Wichtigkeit des Aufwärmens besteht zum einen in der Erhöhung der Körperkerntemperatur und der damit einhergehenden Zunahme der Durchblutung. Dadurch wird der Köper besser mit Sauerstoff und Nährstoffen versorgt und kann somit die folgenden Beanspruchungen besser adaptieren. Auch das Herz-Kreislauf-System profitiert vom Aufwärmen, die Herzfrequenz wird gesteigert und die Blutzirkulation angeregt. Durch die oben genannten Punkte wird auch die Verletzungsgefahr verringert und Gelenkflüssigkeit prodoziert. Nicht zu unterschätzen ist die psychische Einstimmung, der Proband hat in diesen 10 Min. Zeit sich mental vorzubereiten und auf die kommende Trainingseinheit einzulassen, dazu bedarf es Willensstärke und Konzentration. Das spezielle Aufwärmen umfasst die lokalen Muskelgruppen und Gelenkstrukturen die in der folgenden Beanspruchung aktiviert und stimuliert werden (Eifler, 2018, S. 53-55).

4.1.2 Latzug von oben

Gestartet wird der mehrgelenkigen Übung Latzug von oben. Die komplexe Übung bewegt Schultergelenk und Ellenbogengelenk. Sie kräftigt den großen Rückenmuskel (M. latissimus dorsi), die Schulter (teres major, M. trapezius pars ascendentes) und Armbeugemuskulatur (M. biceps brachii/ brachioradialis). Die Stabilisierung und Verbesserung der bestehenden Muskelfunktionen der Rumpfmuskel werden ihm im Alltag helfen seine Rückenschmerzen zu lindern und auch um beispielsweise schwere Gegenstände tragen zu können (DHfPG 2018, Übungsammlung apparatives Krafttraining).

4.1.3 Beinpresse

Die Beinpresse trainiert den M. quadrizeps femoris, den M. glutaeus maximus und die ischiocrurale Muskulatur. Diese Übung ist ebenfalls komplex und mehrgelenkig. Die Beinpresse trainiert aktiv die Stabilität der Knie- und Hüftgelenke, was unterstützend beim Laufen und z.B. Treppensteigen ist (DHfPG, 2018, Übungsunterweisung im Krafttraining). Außerdem wirkt sie sich positiv auf das Herz-Kreislauf-System aus, welches bei der Übung ebenfalls aktiviert wird. Da unser Proband berufsbedingt während seiner Arbeitszeit überwiegend sitzt und so gut wie keine Bewegung hat, leidet auch sein Herz-Kreislauf-System darunter. Die Übung wird als zweites ausgeführt, da der Körper jetzt noch genug Energie für einen effektiven Trainingseffekt hat.

4.1.4 Beinstrecker

Auf Wunsch des trainierenden habe ich den Beinstrecker eingeplant. Hier wird der M. quadrizeps femoris isoliert trainiert. Diese Isolationsübung wird als Ergänzung in den ersten Mesozyklus, Beintraining, integriert. Im nächsten Zyklus wird der Beinbeuger zusätzlich eingebaut werden um eine Balance zwischen den Antagonisten und Agonisten zu erreichen. Der Proband ist aktiver Läufer, er profitiert bei dieser Übung davon, dass die Kniescheibe stabil gesichert wird und somit die Laufökonomie verbessert werden kann und sich somit das Verletzungsrisiko mindert (DHfPG, 2018, Übungssammlung apparatives Training).

4.1.5 Brustpresse Maschine

Diese Übung zur Kräftigung des M. pectoralis major, M. deltoideus pars acromialis, M. deltoideus pars clavicularis und des M. triceps brachii startet in stabiler liegender Position. Für den Probanden und seine Thematik ist es wichtig die oben genannten Areale zu kräftigen, um seine Rückenbeschwerden aber auch um seine Körperhaltung zu stabilisieren und zu kräftige, außerdem zum Ausgleich bzw. die Verminderung von Muskelschwächen. Die Kräftigung der Armstreckermuskulatur hilft im Alltag z.B. beim Tragen schwerer Gegenstände (DHfPG, 2018, Übungssammlung apparatives Training).

4.1.6 Rückenstrecker Maschine

Die Rückenstrecker Maschine ist gerade für Beginner gut geeignet, um erst einmal ein Gefühl für die autochtone Rückenmuskulatur (M. erector spinae) zu bekommen. Da hier kurze und mittellange Rückenmuskeln des medialen Traktes und der große lange Rückenmuskel des lateralen Traktes angesteuert wird. Diese sind überaus wichtig um den Rücken gezielt zu kräftigen (DHfPG, 2018, Übungssammlung apparatives Training).

4.1.7 Bauchmaschine

Aktiv wird in diesem Mesozyklus, eine ausgesuchte Übung, zur Kräftigung der Bauch- und Hüftbeugemuskulatur angewendet. Immer wenn der Rücken trainiert wird, muss auch der Gegenspieler Bauch gestärkt werden. Da die ausgesuchten Übungen weitestgehend ausbalanciert, die Antagonisten und Agonisten, beanspruchen sollen. Eine starke Körpermitte ist ebenfalls für die Haltung und Stabilität des Rumpfes von enormer Bedeutung und entlastet somit auch die Wirbelsäule (DHfPG, 2018, Übungssammlung apparatives Training).

4.1.8 Reversefly

Zum Abschluss des Trainings habe ich mich für den Reversefly entschieden. Dieser zielt hauptsächlich auf die Stärkung des hinteren Teils des Deltamuskels (M. deltoideus pars spinata) und des mittleren Teils des Trapezmuskels (M. pars Transversa) ab (DHfPG, 2018, Übungssammlung apparatives Training). Diese Muskeln helfen dem

Probanden gerade zu sitzen und die Schulterblattposition nach hinten unten zu ziehen. Im Alltag, am PC, stellt das gerade Sitzen eine große Hürde dar und dementsprechend wichtig ist es ein Bewusstsein für diese Fehlhaltung (hängenden Schultern nach vorn) zu schaffen. Er wird im Alltag, durch diese Übung immer wieder erinnert werden seine Haltung zu optimieren.

4.1.9 Cool-down (Abwärmen)

Die Ziele des Abwärmens bestehen in der weitgehenden Normalisierung der erhöhten Kreislauffunktionen, dem schnelleren Abtransport von Stoffwechselendprodukten aus der Muskulatur, der Senkung des Muskeltonus und somit der Verkürzung der Regenerationszeit (Eifler, 2018, S. 58). Der Proband wird zum Abschluss 10-15 Minuten auf das Laufband gehen und sich bei ca. 60% seiner max. Herzfrequenz „auslaufen". Danach folgt noch eine kurze Dehnung der großen Muskelareale.

5. Literaturrecherche

Tab. 9: zwei wissenschaftliche Studien über die Effekte des Krafttrainings bei Osteoporose

	Studie 1 The effectiveness of a basic exercise intervention to improve strength and balance in women with osteoporosis.	Studie 2 Effects of high-intensity strength training on multiple risk factors for osteoporotic fractures.
Autor	➢ Otero M., González-Suraez ÁM., - 1: Department of Physical Education and Sport, Faculty of Education and Sport Sciences, University of the Basque Country (UPV/EHU), Vitoria-Gasteiz. ➢ Gil S.M., Esain I. - 2: Department of Physiology, Faculty of Medicine and Nursing, University of the Basque Country (UPV/EHU), Leioa, Bizkaia, Spain.	➢ Nelson ME, Fiatarone MA, Morganti CM, Trice I, RA Greenberg, Evans WJ. - USDA Human Nutrition Research Center on Aging, Tufts University, Boston, MA 02111.
Veröffentlichung & Ziel der Studie	➢ 14. März 2017 ➢ Ist es möglich durch Übungen eine Verbesserung der Gleichgewicht und Kraft von Frauen mit Osteoporose signifikant zu verbessern?	➢ 28.Dezember 1994 ➢ Um zu bestimmen, wie multiple Risikofaktoren für osteoporotische Frakturen durch hochintensive Kraftübungen bei postmenopausalen Frauen modifiziert werden könnten.
Versuchspersonen	➢ 65 postmenopausale Frauen mit Osteoporose im Alter von 50-72 Jahre	➢ Vierzig postmenopausale weiße Frauen, 50 bis 70 Jahre alt, nahmen an der Studie teil; ➢ 39 Frauen haben die Studie abgeschlossen. ➢ Die Probanden waren sesshaft und östrogen-depletiert.

	Studie 1 The effectiveness of a basic exercise intervention to improve strength and balance in women with osteoporosis.	Studie 2 Effects of high-intensity strength training on multiple risk factors for osteoporotic fractures.
Versuchsaufbau	➢ Randomisierte Aufteilung in **2 Gruppen**. 1 Gruppe: experimentelle Gruppe (EG; n= 33, Alter: 57,4±4,8 Jahre) und Gruppe 2: Kontrollgruppe (CG; n = 32, Alter: 58,8 ± 4,5 Jahre). ➢ **Teilnehmer der EG** absolvierten 60 Minuten lang dem Gleichgewicht und Krafttraining, drei-mal die Woche für 6 Monate. Jede Sitzung bestand aus Aufwärmübungen (10 Min.), Gleichgewichtstraining (20 Min), Krafttraining (20 Min.) und Cooldown (10 Min.). ➢ **Teilnehmer der CG** sollten ihre üblichen Gewohnheiten während der Studie nicht zu ändern. ➢ Das statische Gleichgewicht wurde unter Verwendung des Blind-Monopodal-Stance-Statisch-Balance-Tests bewertet. Im Gegensatz dazu wurde das dynamische Gleichgewicht mit dem "8-Fuß-up and go" -Test bewertet, während die Stärke der oberen und unteren Extremitäten mit den Tests "Armcurl" und "30 s Chair Stand" gemessen wurde. Alle diese Variablen wurden zu Beginn und nach Abschluss des Programms bewertet.	➢ Randomisierte kontrollierte Studie von 1 Jahr Dauer. ➢ Hochintensives Krafttraining an 2 Tagen pro Woche mit fünf verschiedenen Übungen (n = 20) im Vergleich zu unbehandelten Kontrollen (n = 19). ➢ HAUPTZIELPARAMETER: Dual-Energie-Röntgenabsorptiometrie für den Knochenstatus, eine Wiederholung Maximum für Muskelkraft, 24-Stunden-Kreatinin im Urin für Muskelmasse und Rückwärts-Tandem-Spaziergang für dynamisches Gleichgewicht.
Ergebnisse der Studie	➢ Die **EG** zeigte signifikante Verbesserungen (P <0,001) im statischen Gleichgewicht (21%), dynamisches Gleichgewicht (36%) und in der Stärke der oberen (80%) und unteren (47%) Gliedmaßen ➢ **im Vergleich zum** ➢ **CG** nach dem sechsten Monat. Teilnehmer in der CG zeigten in den vier Tests signifikant niedrigere Werte (P <0,001). Zusätzlich wurde eine signifikante inverse Beziehung zwischen statischem Gleichgewicht und der Stärke der oberen (r = -0,390; P = 0,001) und unteren (r = -0,317; P = 0,01) Gliedmaßen gefunden. **FAZIT:** Die vorliegende Studie zeigt, dass ein auf Gleichgewichts- und Kraftübungen basierendes Trainingsprogramm, das mit einfachen und leicht verfügbaren Geräten durchgeführt wird, in der Lage ist, die Kraft und das Gleichgewicht von Frauen mit Osteoporose signifikant zu verbessern.	➢ Die Knochenmineraldichte der Schenkelhalsknochen und die Knochenmineraldichte der Lendenwirbelsäule erhöhten sich um 0,005 +/- 0,039 g / cm2 (0,9% +/- 4,5%) (Mittelwert +/- SD) und 0,009 +/- 0,033 g / cm2 (1,0% + / - 3,6%) bzw. ➢ bei den trainierten Frauen um -0,022 +/- 0,035 g / cm2 (-2,5% +/- 3,8%) und -0,019 +/- 0,035 g / cm2 (-1,8%) +/- 3,5%) in den Kontrollen (P = .02 und .04). ➢ Der Gesamtknochenmineralgehalt des Körpers war bei den trainierten Frauen erhalten (+2,0 +/- 68 g; 0,0% +/- 3,0%) und neigte dazu, in den Kontrollen zu sinken (-33 + 77 g; -1,2% +/- 3,4%, P = 0,12). ➢ Muskelmasse, Muskelkraft u. dynamisches Gleichgewicht nahmen bei den trainierten Frauen zu und nahmen bei den Kontrollen ab (P =0,03bis<0,001). **Fazit:** Hochintensive Kraftübungen sind ein wirksames und praktikables Mittel, um die Knochendichte zu erhalten und gleichzeitig die Muskelmasse, Kraft und das Gleichgewicht bei postmenopausalen Frauen zu verbessern.

6. Literaturverzeichnis

Bouchard, C., An, P., Rice, T., Skinner, J.S., Wilmore, J.H., Gagnon, J. et al. (1999). Familial aggregation of VO2max response to exercise training: results from ther Heritage Family Study. *J Appl Physiol, 87*, 1003-1008.

Bouchard, C. & Rankinen, T. (2001). Individual differences in response to regular physical activity. *Med Sci Sports Exerc, 33* (6), 446-451.

Deutsche Multiple Sklerose Gesellschaft Bundesverband e. V. (2018). Was ist MS? Zugegriffen am 29.06.2018. Verfügbar unter https://www.dmsg.de/multiple-sklerose-infos/was-ist-ms/

Deutsche Hochschule für Prävention und Gesundheitsmanagement (2018). Übungsunterweisung im Krafttraining, Zugegriffen am 29.06.2018. Verfügbar unter https://ilias.dhfpg.de/ilias.php?baseClass=ilSAHSPresentationGUI&ref_id=3273734

Deutsche Hochschule für Prävention und Gesundheitsmanagement (2018). Übungssammlung apparatives Training.

Eifler, C. (2013). *Empirische Überprüfung der Effekte verschiedener Ansätze zur Intensitätssteuerung im fitnessorientierten Krafttraining.* Dissertation, Universität des Saarlandes. Saarbrücken.

Eifler, C. (2018). *Studienbrief Trainingslehre I – Gesundheitsorientiertes Krafttraining* (rev.18.026.000). Saarbrücken: Deutsche Hochschule für Prävention und Gesundheitsmanagement.

Fröhlich, M. & H.-D. Kempf (Hrsg.). (2014). *Krafttraining, Funktionelles Training mit Hand- und Kleingeräten.* Berlin Heidelberg: Springer-Verlag.

Fröhlich, M., Müller, T., Schmidtbleicher, D., Emrich, E. (2009). Outcome-Effekte verschiedener Periodisierungsmodelle im Krafttraining. *Deutsche Zeitschrift für Sportmedizin, 60*, 307–314.

Güllich, A. & Krüger, M., (2013). Sport, *das Lehrbuch für das Sportstudium.* Heidelberg: Springer Verlag.

Haupert, M. (2007). *Zur Belastungsbestimmung im fitnessorientierten Krafttraining Eine explorative Studie zur Methodik*, Dissertation, Universität des Saarlandes. Saarbrücken.

Hottenrott, K. & Seidel I.(Hrsg), (2017). *200 Handbuch Trainingswissenschaft-Trainingslehre, Beiträge zur Lehre und Forschung im Sport.* Schondorf : Hofmann.

Hubal, M.J., Gordish-Dressmann, H., Thompson, P.D., Price, T.B., Hoffmann, E.P., Angelopoulos, T.J. et al. (2005). Varibility in muscle size and strength gain after unilateral resistance training. *Med. Sci Sports Exerc, 37*, 964-972.

Kempf, H.-D., Streicher H., Wagner, P., Fröhlich, M. (2014). *Funktionelles Training mit Hand- und Kleingeräten, Methodisch-didaktische Überlegungen beim Einsatz von Trainingsgeräten* . Berlin: Springer Verlag.

Nelson, M., Fiatarone, M., Morganti, C.M., Trice, I., Greenberg, R.A., Evans W.J. (1994). Effects of high-intensity strength training on multiple risk factors for osteoporotic fractures. *Jama Network (24)*,1909-14.

Otero, M., Esain, I., González-Suarez, Á.M., Gil, S.M. (2017). The effectiveness of a basic exercise intervention to improve strength and balance in women with osteoporosis. *Clin Interv Aging.12*, 505-513.

Schnabel, G. & Krug, J. (2016). *Trainingslehre-Trainingswissenschaft: Leistung-Training-Wettkampf.* (Auflage: 3). Aachen: Meyer & Meyer Verlag.

Pilutti, L.A., Platta, M.E., Motl, R.W. , Latimer-Cheung, A.E. (2014). The safety of exercise training in multiple sclerosis: *Journal of the Neurological Science 343*, 3-7.

Strack, A. & Eifler, C. (2005). *Die Methode „individuelles Leistungsbild" – eine praktische Methode für das Krafttraining im Fitness- und Freizeitbereich.* Hildesheim: Cuvillier.

Strober, L.B., Becker, A., Randolph, J.J., (2018). Role of positive lifestyle activities on mood, cognition, well-being, and disease characteristics in multiple sclerosis, *Applied Neuropsychol Adult. (4):*304-311.

Willimczik, K., Daugs, R., Olivier, N. (1991). Belastung und Beanspruchung als Einflussgrößen der Sportmotorik. *Sportliche Bewegung und Motorik unter Belastung.* Clausthal-Zellerfeld: dvs-Protokoll.

Weineck, J. (2004). *Optimales Training Leistungsphysiologische Trainingslehre unter besonderer Berücksichtigung des Kinder- und Jugendtrainings,* (14. Auflage). Balingen: Spitta Verlag.

World-Health-Organisation. (2018). Health topics: Body Mass Index. Zugriff am 29.07.2018. Verfügbar unter http://www.euro.who.int/en/health-topics/disease-prevention/nutrition/a-healthy-lifestyle/body-mass-index-bmi

Zimmer, M. (1999). Entwicklung und Erprobung eines Mehrwiederholungstests zur Erfassung der Kraftleistung im Fitness-Training. Unveröffentlichte Diplomarbeit, Universität des Saarlandes. Saarbrücken.

6. Abbildungs- und Tabellenverzeichnis

6.1 Abbildungsverzeichnis

6.2 Tabellenverzeichnis

Tab. 1: Allgemeine und biometrische Daten des Probanden 4
Tab. 2: allgemeiner Gesundheitszustand der Person 5
Tab. 3: ILB-Testablauf 7
Tab. 4: Grobraster zur Trainingsplanung nach der ILB-Methode (SB, 2018, S.162) 8
Tab. 5: Ziele und Prognose des Probanden 8
Tab. 6: Makrozyklus-Trainingsplanung über 6 Monate 10
Tab. 7: Grundgerüst, erster Mesozyklus-Plan für das Kraftausdauertraining 13
Tab. 8: Trainingsplan ersten Mesozyklus 14
Tab. 9: zwei wissenschaftliche Studien über die Effekte des Krafttrainings bei
Osteoporose 17